Julianne Moore

Streuselnase

Erdbeerkopf

illustriert von LeUyen Pham

Deutsch von Ruth Keen

Schaltzeit Verlag

Steuselnase-Erdbeerkopf
Text: Julianne Moore
Illustration: LeUyen Pham
Übersetzung: Ruth Keen
Gestaltung: Torsten Lemme
Druck & Bindung: L.E.G.O. S.p.A, Vicenza, Italien

Schaltzeit Verlag, Auerstr. 23, 10249 Berlin
www.schaltzeitverlag.de, info@schaltzeitverlag.de
www.instagram.com/schaltzeitverlag

ISBN 978-3-946972-94-5

Für Cal und Liv –
meine eigenen kleinen,
nicht übermäßig gestreuselten
Erdbeerchen
J. M.

Für Melanie –
den beständigen Glücks-Tupfer
meines Lebens
L. P.

Es war einmal ein kleines Mädchen,
das war genau wie alle anderen Kinder.

Sie war sieben.

Sie war klein.

Sie konnte Fahrrad fahren.

Sie war genau wie alle anderen,
mit einer Ausnahme.

Sie hatte rotes Haar.

Und was noch Schlimmeres ...

SOMMERSPROSSEN!

Wie sie die bekommen hatte, war ein echtes Rätsel.

Ihr Vater hatte keine Sommersprossen.
Ihre Mutter hatte keine Sommersprossen.
Ihr Schwester hatte keine Sommersprossen.

Ihr kleiner Bruder ---
Na ja. DER hatte Sommersprossen,
aber er war ja auch bloß ein Baby.

Alle machten andauernd Bemerkungen
über ihre Sommersprossen.

Aber meistens
sagten sie nur:

Streuselnase-
Erdbeerkopf!

Streuselnase-Erdbeerkopf klang einfach gemein.
Sie musste ihre Sommersprossen
ganz schnell loswerden.

Sie versuchte sie abzuschrubben.

Sie versuchte es mit Zitronensaft.

Sie versuchte es
sogar mit Filzstiften,
aber da schimpfte Mama.

Nichts funktionierte.

Wenn sie ihre Sommersprossen nicht loswerden konnte, musste sie eben selber verschwinden.

Und das funktionierte!
Alle Sommersprossen waren weg.

Das gefiel ihr richtig gut, und so ging sie auch zur Schule.

Es war ein voller Erfolg! Niemand machte sich mehr über ihre Sommersprossen lustig.

Es klappte sogar so perfekt, dass niemand wusste, wo sie abgeblieben war.

Das machte Streuselnase-Erdbeerkopf ein bisschen traurig. Außerdem war ihr heiß und es juckte unter der Skimaske.

Nach der Schule, auf dem Spielplatz, kam sie sich ziemlich verlassen vor. Alle Kinder spielten, nur Streuselnase-Erdbeerkopf nicht. Sie saß im Schatten und wünschte, sie würde nicht so schwitzen.

Da zupfte jemand an ihrem Hemd.

Es war ein Baby.
Wegen ihres kleinen Bruders
kannte sich Streuselnase-Erdbeerkopf
mit Babies gut aus.

Da lachte das Baby auf einmal.

Es lachte und lachte und lachte.

Sie war nur froh, dass sie nicht mehr so schwitzte.
Und nicht alles juckte.

Plötzlich hörte Streuselnase-Erdbeerkopf vertraute Stimmen:

Streuselnase-Erdbeerkopf, wir haben dich vermisst!

Vor lauter Freude grinste
Streuselnase-Erdbeerkopf vom einen Ohr
zum anderen.

Ihr war nicht heiß.
Nichts juckte.
Und sie war auch nicht mehr
traurig.

Was kümmerten sie ihre unendlich vielen Sommersprossen, wenn sie unendlich viele Freunde hatte?

Vielleicht hatte diese Frau ja recht und ihre Sommersprossen würden später wieder verschwinden?

Und Streuselnase-Erdbeerkopf war wirklich wie alle anderen Kinder: Sie wurde größer.

Und ihre Sommersprossen …

… VERSCHWANDEN NICHT!

Aber irgendwie war ihr das nicht mehr so wichtig.

Sie wurde sogar sehr glücklich im Leben.

Julianne Moore,
geboren 1960, ist eine vielfach preisgekrönte Schauspielerin, unter anderem 2015 mit dem Oscar für beste Hauptdarstellerin in »Still Alice«. Sie verfasste eine Reihe von Kinderbüchern, von denen »Streuselnase-Erdbeerkopf« ihr erstes ist.

LeUyen Pham
geboren 1973, arbeitete zunächst für eine Animationsfirma, bevor sie Autorin und Illustratorin von mehr als 120 Kinderbüchern wurde. Sie schrieb »Drinnen – Draußen« (Thienemann Verlag) und illustrierte zahlreiche andere Bilderbücher.